UN AVIS DE PLUS

SUR

L'ORGANISATION DU TRAVAIL

ADRESSÉ

AU CITOYEN LOUIS BLANC

MEMBRE DU GOUVERNEMENT PROVISOIRE.

Par G. O.

PARIS,

CHEZ PRUNIER, LIBRAIRE, RUE DU DRAGON, 34.

1848.

UN AVIS DE PLUS

SUR

L'ORGANISATION DU TRAVAIL.

———

Qu'est-ce que l'organisation du travail! — Est-ce un impôt forcé prelevé sur le capitaliste industriel au profit de l'ouvrier? — Alors c'est une chose détestable ; car en créant pour l'ouvrier un privilége factice et transitoire, on tue son avenir, on ferme son atelier dans un temps donné.

Pour que l'ouvrier prît une part équitable au bénéfice du fabricant, il faudrait aussi qu'il courrût les chances du capital, qu'il fût solidaire des hontes de la faillite; ou bien il faut que toute industrie reçoive la forme de la société anonyme.

On pourra bien pour un mois ou deux, en présence des difficultés d'une situation tumultueuse, obtenir des industriels le sacrifice de leurs intérêts; mais en dépit des plus nobles entraînements, ce sacrifice retombera bientôt et retombera lourdement sur l'ouvrier, parce que l'industriel passera vite de l'enthousiasme des proclamations, au relevé de ses livres; si la balance accuse une perte, il liquidera son affaire, et rendra le livret au travailleur.

Admettons un instant qu'on ait cette chance inespérée de tomber sur une combinaison qui permette la production à bas prix, tout en diminuant le temps du travail et augmentant le salaire de l'ouvrier; ce sera bien beau. — Ce ne sera rien encore.

Ce n'est pas le *Travail* qu'il faut organiser, c'est la *Vente*.

Jamais la main d'œuvre n'a été à si bon marché que dans ces dernières années; jamais les industriels n'ont réduit leurs bénéfiees à d'aussi minimes proportions : et cependant ouvriers, industriels, commerçants, tout le monde souffre; la misère ou la gêne frappent à toutes les portes.

Pourquoi?

Voilà vraiment le problème à résoudre.

Est-ce qu'on croit par hasard avoir tranché le nœud gordien au moyen du comptoir d'escompte? Mais l'escompte ne profite qu'à ceux qui ont un portefeuille; et pour avoir un portefeuille, il faut vendre. Donc pour celui qui ne vend pas, qui n'a pas de règlement, le comptoir d'escompte est l'eau qui entoure Tantale; a moins qu'il ne trouve sous sa main la ressource précaire et périlleuse des effets de complaisanc e.

De l'escompte on arrive au nantissement. — C'est une déduction logique. — Si le marchand ne vend pas, il a sa marchandise. En lui prêtant des fonds sur dépôt, on allége sa position. Oui, pour quinze jours. Mais en fin de compte, il faudra reprendre cette marchandise qui aura vieilli et perdu de sa valeur ; il faudra rembourser l'État, de son prêt ; et si pendant la durée du nantissement, cette illusion de débouchés, les travailleurs ont continué de produire, l'encombrement sera aussi grave, si même il ne l'est davantage.

La solution n'est donc pas là.

Essayons d'en indiquer une. Déjà nous nous sommes efforcés de lui donner par la propagande orale droit de cité dans le cercle des idées à l'étude, formulons-la pour que d'autres s'en emparent.

Quand est-ce qu'il y a malaise dans un pays ? quand il y a moins de production agricole que de consommation ; ou plus de production industrielle que de débouchés.

Ce dernier cas est notre histoire. En France on produit beaucoup plus que les capitaux ne peuvent ou ne veulent absorber de produits, ou, ce qui revient au même, il y a trop de travailleurs industriels pour ce qu'il y a de consommation.

Quel est le remède ? — Le simple bon sens l'indique ; s'il y a trop plein, il faut ouvrir un débouché.

Après trente trois ans de paix et de libre concurrence est-il étonnant qu'il y ait chez-nous excès de producteurs et de produits ?

Il nous faut donc un double débouché

Débouché d'hommes, de travailleurs par la colonisation.

Débouché de choses, de produits par l'exportation.

Et d'abord débouché d'hommes.

Par une heureuse fatalité, la France, malgré de stupides impulsions, a gardé la possession de l'Algérie. N'est-ce pas une ressource immense que ce vaste et riche territoire, dont la Mère-Patrie peut faire largesse à ses enfants pauvres? N'est-ce pas un patrimoine providentiel offert au travailleur déshérité de la fortune? — A nos yeux, l'Algérie est le vrai port du salut pour cette masse de population qui prend sa faim pour une erreur de la loi, demande du pain à toutes les théories, et n'en trouve nulle part parce que le terrain lui manque.

L'Algérie sera le port du salut. — Seulement, voyons à quelles conditions.

D'après les ordonnances existantes, si l'on demande au ministère de la guerre, la concession d'un lot de cent hectares, par exemple, on exige de vous un acte de notoriété, établissant que vous êtes en possession actuelle d'une somme de quarante à cinquante mille francs, jugée nécessaire au défrichement de vos cent hectares.

On reconnaît là le doigt du gouvernement de privilége qui avait pour devise: Tout au riche!

Sous un pareil régime, le terrain de l'Algérie, au lieu d'être offert comme un asile au travailleur, se trouve de fait réservé au capitaliste spéculateur.

C'est tout le contraire qu'il faudrait poser en principe.

Loin d'exiger du futur colon une fortune relative toute faite et prouvée devant notaire, ne serait-il pas plus rationnel que l'État l'aidât dans son établissement ? — Se faire colon n'est-ce pas s'expatrier ? n'est-ce pas aller chercher fortune loin d'une mère surchargée d'enfants et qui a peine à les nourrir tous.

Nous voudrions, nous, que pour encourager le colon, le gouvernement le fît porter gratuitement jusque sur le terrain qui lui serait départi, qu'il lui fournît même ses premiers outils.

Nous voudrions qu'arrivé là, il ne fût pas abandonné de suite à ses propres forces ; nous voudrions qu'on lui assurât par exemple la ration militaire pendant la première année ; la demi-ration, pendant la seconde année ; et qu'on n'exigeât de lui, de se suffire à lui-même, qu'à sa troisième récolte.

Ce secours serait peu dispendieux, peu considérable, en égard aux avantages qu'il produirait. Et cependant, en l'assurant au colon pauvre, vous verriez l'Algérie se peupler rapidement du trop-plein de la Mère-Patrie. — A mesure que s'accroîtrait le nombre de ces sortes de pionniers, vous pourriez retirer une partie de vos troupes ; la colonie suffirait bientôt à sa propre défense ; et le sacrifice momentané que vous vous seriez imposé, deviendrait en peu d'années, une véritable et notable économie.

Voilà d'abord un premier débouché, un premier allégement. Allégement de travailleurs effectué au moyen d'une sorte de prime en subsistances, accordée à tout travailleur pauvre qui se ferait colon en Algérie.

Reste le dégorgement des produits.

Eh bien! pour les produits comme pour les

travailleurs, dans l'état actuel des fortunes, il n'y a qu'un débouché possible : l'exportation.

Assurément si l'on pouvait arrêter tout à coup le travail et la production, la consommation intérieure aurait, dans un assez court délai, épuisé les magasins et rétabli l'équilibre ; mais puisqu'il faut au contraire produire quand même, à l'heure qu'il est, pour que l'ouvrier traverse ces jours de crise, il faut aussi que l'État vienne en aide au fabricant et facilite l'écoulement de ses produits.

Or, quel moyen d'écouler ces produits sinon par l'exportation ? Et pour forcer la main à l'exportation que faut-il faire ? — Offrir momentanément une prime soit pour bonnifier le tarif du fret, soit pour combler la différence entre le prix minimum des produits de nos manufactures, et le prix des produits étrangers.

On conçoit que nous ne veuillions pas pénétrer ici dans le fond des questions. Si nous entrions dans trop de détails on perdrait de vue nos idées principales.

Dans l'exportation, le pays trouvera trois avantages sérieux :

On donnera de l'activité à notre marine marchande. Nos navires de commerce, au lieu de dormir le flanc ensablé dans les grèves de nos ports, reprendront la mer et formeront des matelots pour la marine nationale. Enfin, on habituera les marchés étrangers à rechercher nos marchandises.

En faisant inspecter avec soin la qualité et le métrage des articles exportés, ou rétablira, sur ces marchés, la bonne réputation de notre commerce. Ainsi, fabrique, pavillon national, commerce proprement dit, tout profitera.

Néanmoins, si nous ne devions obtenir que l'un de ces deux moyens de débouché, nous préférerions de beaucoup la colonisation des travailleurs à l'exportation des produits. Qui sait même si l'on ne parviendrait pas à combiner ces deux idées; à créer, avec le terrain de l'Algérie, assimilée à la France, des sortes de

bons hypothécaires qui payeraient des produits ?
Mais ceci est encore de l'application ; nous y
reviendrons plus tard.

Nous savons d'avance l'objection qu'on va
nous faire.

Pour donner des primes aux colons ou aux
marchandises à exporter, il faut de l'argent, et
le trésor n'en a pas.

N'en trouve-t-on pas pour établir des ateliers
de terrassement sur divers points de nos routes
intérieures les plus rapprochées de la capi-
tale? Et quand cette ressource précaire sera
usée, en aura-t-on un ouvrier de moins sur le
pavé de Paris. — Non.

Le même argent, dépensé à défricher mille
hectares de terre en Algérie, assurerait à tout
jamais l'existence de ceux qui s'y seraient em-
ployés.

Y a-t-il à hésiter sur le choix entre deux ré-
sultats si divers !

Du reste, pas d'illusion à ce sujet : La République ne peut point se passer d'argent, elle ne peut pas éviter de larges dépenses, pour sauver le commerce et le travail, qui sont aux abois depuis deux ans, et qui lui crient de toutes parts : J'ai faim !

Si l'argent manque au Gouvernement, il faut qu'il en cherche, qu'il en trouve, qu'il en invente.

Il n'y a pas d'ordre possible sans bien-être, pas de bien-être sans travail, pas de travail sans argent.

Si les capitaux continuent à se cacher sournoisement, il faut qu'un large impôt les fasse, de gré ou de force, reparaître et circuler.

Pour aujourd'hui, nous nous bornons à ces données générales, et nous nous résumons ainsi : *Plus l'Etat dépensera d'argent pour alléger la France de travailleurs et de produits, moins il en coûtera cher au pays.*

Poissy.— Imprimerie de OLIVIER.